AF306337

Der kleine Ratgeber
gegen Panikattacken

Der kleine Ratgeber
gegen Panikattacken

# PETER FRIEDRICH

# Der kleine Ratgeber gegen Panikattacken

Ein Seelsorgebuch

**FSC**
www.fsc.org
**MIX**
Papier aus ver-
antwortungsvollen
Quellen
Paper from
responsible sources
FSC® C105338

Bibliografische Information der Deutschen Nationalbibliothek
Die Deutsche Nationalbibliothek verzeichnet diese Publikation
in der Deutschen Nationalbibliografie;
detaillierte bibliografische Daten sind im Internet
über http://dnb.d-nb.de abrufbar.

© 2023 Peter Friedrich
Umschlagdesign, Satz, Herstellung und Verlag:
BoD – Books on Demand, Norderstedt

ISBN 978-3-7583-0837-6

# Inhalt

# Vorwort

Mein Name ist Peter Friedrich, ich bin 49 Jahre alt und lebe in Köln. 48 Jahre lang habe ich in Münster gelebt, bis ich die Frau meines Lebens traf und entschied, zu ihr nach Köln zu ziehen. Ich habe selbst jahrelang unter Panikattacken gelitten, ich weiß, wie du dich fühlen magst. Hier schreibt jemand, der alles jahrelang durchlitten hat. Deshalb ist es mir ein Herzensanliegen, zu helfen.

Mit diesem Buch möchte ich allen Mut machen, die unter Panikattacken leiden. Dieses Buch kann man aufgrund seiner Größe immer mit sich führen, ein Buch, das Entspannung schenkt und Mut macht.

Es gibt nicht nur Hoffnung. Man kann tatsächlich lernen, mit den Panikattacken umzugehen und dadurch ein glücklicher und zufriedener Mensch sein.

Mit diesem Buch möchte ich auf dein Problem eingehen, meine Geschichte erzählen und Ratschläge geben. Manchmal will ich auch einfach mit dir lachen.

Das Buch beinhaltet meine ganze Geschichte von Anfang bis Ende. Ende heißt in diesem Fall, dass ich meinen Weg gefunden habe, die Panikattacken zu beherrschen. Ich habe keine Angst mehr, weil ich die

Kontrolle über meine Ängste gewonnen habe. Dadurch bin ich ein freier Mensch geworden, dessen Leben sich nicht mehr nur um Panik dreht.

Ich habe sogar Heilung erfahren, und das wünsche ich mir von Herzen für dich.

In diesem Buch möchte ich alle Menschen, die Panikattacken haben, anleiten zu einem freien Leben.

Ich widme dieses Buch allen Superhelden der Panikattacken und besonders IHM.

# KAPITEL 1

# Wie alles begann

Es war das Jahr 1989, ich war gerade achtzehn Jahre alt und hatte keine Vorstellung von dem, was mir in Zukunft begegnen würde.

Eine super Jugend hatte ich, meine Clique von damals war mir sehr wichtig und ich fühlte mich sehr verbunden mit meinen Freunden. Die Beziehungen zu Menschen sind mir immer schon besonders wichtig gewesen.

Die Menschen, die ich damals kannte, hatte Qualitäten, die ich heute manchmal vermisse und die mein Leben bereichert haben. Viel gelernt habe ich in dieser Zeit, vor allem auf positive Weise ein dickes Fell zu haben.

Nun komme ich zu dem eigentlichen Problem, das ich damals hatte.

Ich erzähle euch von meiner ersten Panikattacke.

Damals war ich mit einem Bekannten auf einer Party. Wir standen in einer Ecke, genossen die Musik und tranken unser Bier, alles war ganz normal, die Stimmung war fröhlich und ausgelassen. Innerlich belastete mich noch Trauer, weil kurz zuvor meine Beziehung zu einem tollen Mädchen zerbrochen war und meine Gedanken kreisten immer noch um sie, um das plötzliche Ende und um die gewisse Leere des Alleinseins, dazu kamen die generellen Herausforderungen des Erwachsenwerdens und der Berufsstress, vielleicht lag es daran.

Ganz plötzlich überfiel mich eine gewaltige Angst, die ich nicht einordnen konnte. Meine Hände waren schweißnass, mein Herz raste, eine starke Unruhe überflutete mich. Ich habe nicht verstanden, was mit mir passierte. Ich ging zur Toilette, wusch mir das Gesicht, schaute in den Spiegel und konnte mich selbst nicht mehr richtig begreifen. Diese kleinen vertrauten Handlungen brachten keine Veränderung, die starke Anspannung hielt an. Ich war vollkommen blockiert in meinem Angstgefühl, alles in mir war erfüllt davon.

Ich war völlig ahnungslos, getroffen wie von einem Blitz und konnte nicht begreifen, was in mir vorging. Ich wollte nur fliehen, raus aus dieser Situation, raus aus diesem Gefühl.

Ich habe es sogar noch geschafft, meinem Freund zu

sagen, mir sei schlecht und ich würde nach Hause fahren, was ihn natürlich sehr irritierte. Auch den Weg zum Bus habe ich gehen können.

Es war befremdlich, voller Angst und Zweifel saß ich dann im Bus und fuhr nach Hause. So ein schreckliches Gefühl der Unruhe, das in dem Gedanken gipfelte: ich sterbe gleich. Ich war ganz beherrscht von diesem schier unendlichen Gefühl der Angst. In dem Moment hatte ich auch keine Worte dafür.

Erster Tipp: Es war/ist nur ein Gefühl. Gefühle sind keine Fakten. In mir drin, ich musste noch nicht mal tief graben, wusste ich, dass es NUR ein Gefühl ist. Aber das Wissen war in dem Moment nicht stark genug, gegen die Macht des Gefühls der Angst. Ich hatte keine Kontrolle über das Gefühl.

Irgendwie bin ich nach Hause gekommen und habe mich auch schlafen gelegt. Ein Wunder, dass es funktioniert hat.

Am nächsten Tag wachte ich auf und fragte mich völlig ratlos, was gestern Abend mit mir passiert sei. Ich konnte keine Antwort finden und fühlte mich deswegen schlecht. Es schlich sich davon, aber ganz weggehen wollte dieses unbestimmte Gefühl, dass irgendwas nicht in Ordnung sei, nicht mehr.

Monate vergingen. Einfach verdrängen, mich irgendwie durchkämpfen, war meine erste Strategie. Ein Fehler, der mich Jahre meines Lebens gekostet hat.

Damals war ich noch jung, gerade mal achtzehn Jahre alt, und ein Jugendlicher, der wirklich ein großes Problem hat, geht natürlich zu seinen Eltern. Für mich war die engste Vertraute meine Mutter, da meine Eltern sich fünf Jahre zuvor hatten scheiden lassen, als ich dreizehn war.

Obwohl ich so ein enges Verhältnis und großes Vertrauen zu meiner Mutter hatte, tat ich mich sehr schwer damit, zu ihr zu gehen. Ich wusste nicht, was ich ihr sagen sollte, wie ich ihr schildern sollte, was mit mir los sei. Ich konnte ja nicht einmal mir selbst erklären, woher die Ängste und die Anspannung auf einmal kamen. Wie bitte sollte ich jetzt meiner Mutter erklären, dass ich so eine seltsame Angst habe. Sie würde mich doch für verrückt erklären. Doch sie hatte immer zu mir gesagt: „Junge, du kannst mit allen Sorgen zu mir kommen." Ich wollte es wenigstens versuchen, ich konnte nicht allein damit fertig werden,

Ich nahm all meinen Mut zusammen, ging eines Abends ins Wohnzimmer und setzte mich zu ihr auf das Sofa. Die Worte kamen nicht von selbst, ich kämpfte darum, meinen Gedanken Ausdruck zu verleihen, stotterte und suchte. Irgendwie brach es dann aus mir heraus: „Mama ich habe Angstzustände, die ich nicht erklären kann. Ich komme nicht damit klar.

Ich habe von Zeit zu Zeit starkes Herzklopfen, meine Hände schwitzen wie verrückt und aus heiterem Himmel ergreift mich eine richtige endlose Panik. Mama, ich weiß nicht, was das ist! Ich verstehe das nicht. Bin ich jetzt verrückt?"

Im Nachhinein fühlt es sich sehr surreal an, wenn ich an dieses Gespräch denke.

Meine Mutter schaute mich nur ungläubig an. Vorab sollte ich erwähnen, dass die Generation meiner Mutter sich wenig mit diesem Thema auseinandergesetzt hatte und dass auch 1989 kaum öffentlich damit umgegangen wurde. Es gab keinen Raum für diese sensiblen Themen, zumindest nicht in meiner Umfeld. Meine Mutter zählt zu den Kindern der Nachkriegszeit, deren Aufwachsen geprägt war von dem Streben nach Wiederaufbau, nach dem Erreichen eines guten Auskommens und sicheren Lebens. Die von ihren Eltern erlebten emotionalen und psychischen Belastungen wurden verdrängt und niemals wurde darüber gesprochen. Insgesamt wurde wenig in meiner Familie über derart persönliche Schwierigkeiten gesprochen. Es gab sie nicht.

Meine Mutter sagte nur: „Junge, feiere nicht so viel und stell dich nicht so an, du spinnst wohl."

Sie ist keinen Millimeter darauf eingegangen, hat meine ganze Beschreibung nicht hinterfragt oder verstehen wollen. Ein derartiger Zustand lag vollkommen außerhalb ihrer Lebenswelt.

So viel Unverständnis schockte mich. Gleichzeitig war ich auch hilflos am Boden zerstört, weil meine einzige Ansprechpartnerin keine Hilfe anbot.

Aus der Rückschau kann ich sagen, dass sie sofort mit mir zu Hausarzt hätte gehen sollen, doch hinterher ist es immer leicht zu sagen, was in dem Moment am besten gewesen wäre. Ich habe meiner Mutter verziehen.

So weit so schlecht.

Von da an begleitete mich ein schreckliches Gefühl: die Angst, wieder so in Panik zu verfallen. Ich hatte so viel Angst vor der nächsten Angst, dass ich gar nicht mehr entspannt sein konnte. Egal wo ich war oder was ich machte, ich hatte immer die Sorge, dass die Panik mich gleich wieder beherrschen würde, ich wieder in den Zustand der Todesangst fallen würde.

Doch auch den Alltag mit all seinen Anforderungen und Verantwortungen musste ich meistern. Ich musste arbeiten, Termine wahrnehmen, Gespräche führen und unter Menschen sein, alles im Schatten der Panik beziehungsweise der Angst vor der Panik.

Da ich immer ein Draufgänger gewesen bin, wollte ich auch dieses Mal mit dem Kopf durch die Wand und beschloss, mein Leben einfach so weiterzuleben wie bisher. Diese Haltung an den Tag zu legen, wurde schwerer als zuvor. Jeden Tag führte ich einen Kampf gegen die Angst und jeden Tag besiegte ich einen Teil meiner Angst, der am nächsten Morgen wieder da war.

Das war sehr schwer. Deshalb sind wir, ich und auch du, Helden in unserem eigenen persönlichen Kampf.

Den Alltag weiter aufrecht zu halten, beanspruchte mich, sodass ich wenig Zeit hatte, nachzudenken oder zu grübeln.

Der Gedanke, dass es ärztliche Hilfe geben könnte, ließ mich natürlich nicht los. Wieder nahm ich meinen ganzen Mut zusammen und ging zu meinem Hausarzt. Ich hatte keine Ahnung, wie ich dieses Gespräch beginnen sollte. Etwa so: „Guten Tag Doktor, ich habe immer Panik, bin aber sonst ganz normal." O nein, das ist doch total bescheuert.

Egal, so will ich nicht leben, ich brauche Hilfe.

Da ist wieder der Superheld, du solltest nie vergessen, dich selbst auch so zu sehen.

Ich ging in die Sprechstunde, sehr nervös und schon vorab sehr angespannt. Schließlich würde ich gleich meine Krankheit oder Verrücktheit bekennen, ein totaler Albtraum. Ich hatte wirklich Angst, verrückt zu werden.

Nun saß ich meinem Arzt gegenüber und schilderte ihm mein Problem in der Hoffnung, dass er mir etwas dazu sagen, mir eine Erklärung dafür bieten und vor allem einen Ausweg aus diesem Zustand zeigen könne.

Doch es kam noch ein Schock: Dieser Mediziner nahm mich gar nicht ernst. Er meinte nur, ich solle mich gesund ernähren und mehr Sport treiben. Er reflektierte nicht einmal, dass ich einen sehr aktiven Lebensstil pflegte, in dem Joggen und Radfahren feste Bestandteile waren. Das heute bekannte, normale Krankheitsbild war ihm völlig fremd.

Ich war verzweifelt, dass nicht mal ein Arzt mir helfen konnte und fragte mich wiederholt, was denn mit mir nicht stimmen würde.

An dieser Stelle möchte ich auf den Begriff „normaler Mensch" eingehen. Diesen Begriff spreche ich an, damit du im Klaren über dich selbst bist, für mich war das sehr wichtig.

Ich entschied mich eine Therapie zu machen mit Thomas meinem Therapeuten.

Ich fragte Thomas (Name geändert) einmal, was ein normaler Mensch sei. Natürlich war das Motiv dahinter, ob ich normal sei. Thomas schmunzelte über meine Frage. Dann kam seine Aussage zu diesem Thema:

„Es gibt, es gab und es wird niemals einen normalen Menschen geben, dafür ist die menschliche Psyche zu kompliziert beziehungsweise ein Wunder. Macken haben wir alle, wenn du also meinst, dass du verrückt bist, sei getrost, es gibt Menschen, die wirklich krank sind. Es gibt sehr schwere psychische Krankheiten, beispielsweise Schizophrenie, manisch-depressive Verstimmungen und dergleichen mehr. Hierbei geht die Medizin von einem chemischen Ungleichgewicht im Gehirn als eine maßgebliche Ursache aus. Ganz weit weg von diesen Krankheiten, sind Macken, die ein Psychotherapeut hauptsächlich behandelt. Diese Macken sind seelische Defizite, die durch schlechte Erfahrungen oder mangelnden Selbstwert anerzogen oder erlernt wurden.“

Wie gehen wir jetzt mit Macken um? Die Grenze liegt dort, wo dich deine Macken einschränken, indem sie dir oder anderen erhebliche Nachteile im Leben verschaffen. Dann solltest du dir Hilfe suchen.

Zurück zum eigentlichen Thema.

Ich war wirklich enttäuscht, wusste nicht mehr weiter und war auch zunehmend überfordert im Alltag: Schlange stehen im Supermarkt, allein das Betreten von Kaufhäusern oder Gespräche mit Vorgesetzten,

alles Mögliche versetzte mich in eine ängstliche Anspannung.

Meine Fantasien wurden immer wilder. Vielleicht
bekomme ich einen epileptischen Anfall? Oder einen
Herzinfarkt? Vielleicht verliere ich komplett den Ver-
stand und werde verrückt. Oder falle ich einfach tot
um? Meine Fantasie schlug Purzelbäume.

Natürlich trat nichts davon ein.

Es war so, dass ich mich in einem Kampf befand, für
den ich unzureichend ausgestattet war. Die einzigen
Waffen waren Ignorieren und Verdrängen, schwach,
ineffektiv und unzureichend, aus der schieren Rat-
losigkeit, in der ich mich befand, entstanden.

Hoffnung hatte ich dennoch, dass es eine Waffe gegen
diese Panik gibt. Der rationale Teil wusste, dass das
nur in meinem Kopf passiert, dass es keinen Grund
dafür gebe. Ich versuchte, auf diesen logischen, ana-
lytischen und rationalen Teil zurückzugreifen, wenn
ich in Panik verfiel.

Ich fragte mich selbst: „Bist du in einem brennenden
Haus?" – „Nein" – „Du benimmst dich aber so." Ein
wenig konnte mich diese logische Erkenntnis dann
abfedern und auffangen und dabei helfen, mein Ver-
halten in Routinen zu lenken und meine Umwelt zu
sortieren. Das war eine gute Hilfe.

# KAPITEL 2

# Ein großer Schock und wie soll ich damit leben?

Ich habe als junger Mann meine Ausbildung zum Tischler gemacht, obwohl ich eigentlich lieber im Bett geblieben wäre und mich aus Angst vor der Panik vor der Umwelt versteckt hätte. Durch den Beruf erhoffte ich mir eine Ablenkung von den Gedanken in meinem Kopf. Einen richtigen dauerhaften Erfolg im Kampf gegen die Panik brachte es aber nicht.

An den Wochenenden war ich meistens mit Leuten aus der Clique zusammen. Die Vielfalt der Situationen, in denen ich Panik bekam, wuchs. Den Zug oder Bus zu nehmen, in ein Kaufhaus zu gehen und generell von vielen Menschen umgeben zu sein, sind meine absoluten Albträume gewesen. Ich hätte es in dem Zeitraum noch nicht mal in ein Restaurant geschafft. Einfach alles, was Öffentlichkeit betraf, war für mich zu einem Spießrutenlauf geworden.

Ein ständiger Kampf, ein Auf und Ab, manche Wochen liefen nur unter starker Anspannung.

Ich erkannte jetzt die Charakteristik der Panikzustände, sie verliefen immer nach dem gleichen Muster. Es begann mit einer leichten Panik, die sich zunehmend steigerte und in einem Maximum gipfelte, in dem ich es kaum noch aushielt, anschließend beruhigte sich wieder alles. Doch leider blieb es nur kurze Zeit ruhig in mir, bevor sich die Kurve wiederholte. Täglich oder wöchentlich, manchmal auch monatlich erlebte ich dieses Muster.

Ich besorgte mit Literatur über Panikattacken, die gab es wenigstens, und fand folgende Dinge für mich heraus:

1.  Ruhig bleiben.
2.  Auf die Atmung achten, lange ausatmen.
3.  Nicht gegen die Panik ankämpfen, akzeptieren, es ist nicht so schlimm.
4.  Ich bin ein Superheld, sowas von.
5.  Ich bin nicht in einem brennenden Haus. Das ist mein Halt.

Um die Sache mal medizinisch anzureißen, das Thema ist natürlich weitaus komplexer: Bei einer Panikattacke finden Prozesse im Körper statt. Unter anderem werden extrem viele Stresshormone ins Blut ausgeschüttet, was natürlich nicht ohne Folgen bleibt. Dieser Vorgang an sich ist erst einmal etwas ganz Natürliches. Angst ist nicht prinzipiell dein Feind, Angst ist immer eine Überlebenshilfe des Menschen gewesen – aber Angst ist auch nicht immer dein Freund.

Diese Stresshormone lösen etwas in deinem Körper aus:
- die Hände zittern,
- du bekommst einen Schweißausbruch,
- der Puls rast und du hast spürbares Herzklopfen.

Auch deine Psyche ist betroffen:
- du denkst, dass du gleich stirbst,
- du bist so auf diese Angst konzentriert, dass du keinen anderen Gedanken mehr fassen kannst,
- du erstarrst von innen.

Mein Tipp: Versuche erst gar nicht dagegen zu steuern, dein Kopf kann nicht rational denken. Atme mit der Nase ein und ganz langsam durch den Mund aus, konzentriere dich ganz auf diesen Atemvorgang. Wiederhole das mehrmals. Denk an deine Sicherheiten: Nein, du bist immer noch nicht in einem brennenden Haus, das gleich einstürzt. Auch nicht in einem Flugzeug, das gleich abstürzt.

Es ist nur ein Gefühl, es kann dir nichts anhaben.

Wenn du in einer Situation bist (Bus, Bahn, Kaufhaus),

die dich unter Anspannung hält, dann mach einfach eine Pause. Steig aus dem Bus aus, geh aus dem Kaufhaus raus und später wieder rein.

Das war super, du Superheld.

# KAPITEL 3

# The Panic going on

Was sollte ich jetzt machen?

Gut, ich las alles über Panik, was ich in die Finger bekam, auch ohne Psychologiestudium nachvollziehen konnte und versuchte, mich besser zu verstehen.

Dabei entdeckte ich, dass auch andere Menschen darunter litten. Da ich vorher nie mit jemandem wirklich gut darüber reden konnte, war mir dieser Gedanke niemals gekommen. Ich fühlte mich ganz allein auf der Welt. (Blödsinn!) Bei meinen Recherchen stellte ich fest, dass jeder zweite Mensch in seinem Leben mit Panik in unterschiedlichem Ausmaß Erfahrungen macht.

In dieser Zeit traf ich dann auch den ersten Menschen,der genau wie ich, unter Panikattacken zu leiden hatte.

Marsmenschen :))))))

Allein die Erkenntnis, das Wissen darum, dass ich nicht allein damit bin, war eine riesengroße Erleich-

terung und bedeutete zugleich, dass ich mich nicht
mehr so isoliert fühlte.

Ich setzte große Hoffnung darin, mich zukünftig mit
anderen Betroffenen austauschen zu können, von ihnen zu lernen. Im Gegensatz zu mir, hatten sie mehr
Strategien als Ignorieren entwickelt, und ich war be-
gierig neue Impulse und Strategien zu erfahren.

Austausch ist bei Panik außerordentlich wichtig und
beruhigend, gibt Halt und Stabilität im Alltag.

GANZ WICHTIG!

Ich möchte dir aber etwas Wichtiges raten, nämlich
dich niemals mit Menschen auszutauschen, die dich
eigentlich eher herunterziehen als bestärken.

Du erkennst sie schnell, sie reden nur von sich und
wie schlecht es ihnen geht. Sie denken durchgehend
negativ, zu erkennen am Gespräch.

Diese Aussagen wiederholen sich immer bei ihnen:
- immer habe ich Pech
- hätte ich doch …
- keine Lust
- erzählen immer über das gleiche Problem

- alles, was schlecht ist, erzählen sie dir
- es gibt nur Probleme
- andere haben Schuld, dass ich ...

Kurzum,sie haben die Fähigkeit verloren, auf die guten Dinge in ihrem Leben zu schauen.

STOP!

Möchtest du ebenso werden?

Sei bitte an dieser Stelle Egoist, damit schützt du dich selbst. Deine Situation ist schon nicht einfach. Du brauchst niemanden, der dich zusätzlich negativ belastet. Wenn du merkst, dass dein Gegenüber so ist, dann hör ihm kurz zu und danach geh weiter. Wenn du Hilfe bei deinen eigenen Schwierigkeiten suchst, musst du nicht erst anderen helfen, wenn du es nicht schaffst.

Nun ja, ich wusste immer in Innern, dass ich ein ganz normaler Mensch bin und (wenn es so etwas gibt) nicht verrückt.

Wichtig war mir aber, von außen bestätigt zu bekommen, dass Panikattacken eine verbreitete Angststörung sind und nicht so absurd und selten, wie ich es zuvor geglaubt habe.

Das konnten mir andere bestätigen, und das hat mir neue Sicherheit und Zuversicht gegeben.

Niemand sagt: „Guten Tag, ich bin der Hans und übrigens habe ich Panikattacken." Die Scham ist viel zu groß und eigentlich möchte man das wie jedes andere persönliche Detail auch nicht gleich jedem mitteilen. Denn wie bei vielen Dingen trifft man nicht immer auf ein reflektiertes und aufgeklärtes Gegenüber, sondern riskiert durch unbedachte Reaktionen verletzt zu werden. Unwissenheit ist in diesem Bereich nach wie vor groß.

Schlussendlich bin ich circa acht Jahre, nachdem ich meine erste Attacke hatte, zu einem Psychologen gegangen. Diese Entscheidung hätte ich echt nicht so lange aufschieben sollen. Ich habe viele Jahre meines Lebens unnötig gelitten und meine Lebensqualität vermindert.

Mein Rat an alle: Geht zum Psychologen. Manchmal dauert es lange, den zu dir passenden zu finden, aber traut euch!

Auch ich stellte mir die Frage, welcher Psychologe der Beste für mich sei. Ich habe mir wirklich Zeit dafür genommen, ich wollte keine übereilte Entscheidung treffen, da ich spürte, dass diese Wahl eine wichtige für meine Genesung sein würde. Ich habe mich damals von folgenden Kriterien leiten lassen.

Der für mich passende Therapeut sollte:

1.  Verantwortungsbewusstsein für seine Patienten haben, die sich schließlich aus einer persönlichen Not heraus an ihn wenden.
2.  Fachwissen und viel Erfahrung im Bereich Angststörung haben.
3.  Mich positiv bestärken, denn aus der Rückschau erkenne ich dies als einen wichtigen Bestandteil der Therapie.
4.  Mich ermutigen und loben.
5.  Ziele mit mir formulieren. Zum Beispiel zu schauen, wo ich die meisten Probleme im Alltag habe und wie wir üben können, besser damit umzugehen.
6.  Hilfe zur Selbsthilfe leisten und mich nicht von ihm abhängig machen. Die Sitzungen sind irgendwann zu Ende, dann muss ich allein klarkommen.
7.  Meines Vertrauens WÜRDIG sein. Das ist eine sehr individuelle Sache, die ich nur nach einem ersten Gespräch einschätzen kann.

Wenn er diese Punkte nicht erfüllt, habe keine Hemmungen, einen anderen Therapeuten zu suchen. Nicht jeder kann mit jedem Menschen gleich gut sprechen und zusammenarbeiten. Es geht um dich und deine Ziele. Er muss dich ernst nehmen, positiv und ermutigend sein. Seine Aufgabe ist, dir dabei zu helfen, dass du dich selbst erkennst und siehst, woher die Panikattacken kommen. Du kannst nur gewinnen.

Auf diese Weise habe ich nach einiger Suche einen Therapeuten gefunden, der für mich absolut großartig war. Als mir das klar wurde, fielen Felsbrocken von meinem Herzen. Ich schöpfte Hoffnung, und irgendwie war die ganze Sache nicht mehr so schlimm, wie ich in meinen dunkelsten Stunden gedacht hatte.

Ich weiß noch, ich kam das erste Mal in die Praxis und dachte darüber nach, wie weit ich gesunken sei, dass ich nun schon zum Psychologen gehen müsse. Eine sehr fehlgeleitete und vor allem auch nicht sehr respektvolle Einschätzung. Mir gegenüber und auch dem Berufsbild des Psychologen gegenüber. Ich trat ins Behandlungszimmer mit der Erwartung, dass ich mich wahrscheinlich gleich auf die berühmte rote Couch legen müsste wie im Film.

Doch es war ganz anders!

Da saß ein etwa sechzigjähriger Mann, paffte seine Pfeife, stellte sich als Thomas vor und bot mir das Du an. Das war ein sehr guter Anfang. Ich musste mich auch nirgends hinlegen, sondern saß ganz normal auf einem bequemen Sofa in einem Wohnzimmerambiente und schilderte Thomas mein Problem.

Er erzählte mir gleich, dass ich damit nicht allein sei, schilderte viele Beispiele anderer Patienten, ohne deren Namen oder zu viele Details zu nennen.

Was für mich eine wirklich entscheidende Veränderung herbeiführte, war die Tatsache, dass ich durch ihn erkennen konnte, dass alles nicht so schlimm sei, wie ich mir selbst eingeredet hatte. Genau an diesen Punkt musste ich kommen, um überhaupt weiterarbeiten zu können. Eine unbeschreibliche Leichtigkeit breitet sich in mir aus und blieb.

Dabei begegnete er mir die ganze Zeit über wie ein alter Freund.

Thomas hatte wie ich eine wilde Judgendzeit wir erzälten uns einiges darüber und lachten viel.

Er nannte es immer seine Sturm und rang Zeit.

Die Sitzungen waren immer  mit Spaß verbunden.

Wenn ich jemals Terapeut werden würde müsse es auch viel Spaß geben.

In einer unserer Sitzungen ließ Thomas es fast so erscheinen, als ob er mein Patient und ich sein Behandler wäre. Diese Methode wandte er an, damit mir die Augen über mich selbst aufgingen.

Immer mal wieder erzählte Thomas mir von seinen gesundheitlichen Problemen. Er hatte Herzbeschwerden und bereits mehrere Bypässe, zudem musste er stark blutverdünnende Medikamente nehmen, wie es oft bei Herzerkrankungen der Fall ist, da seine Arterien stark verkalkt und dadurch verengt waren. Für den Fall eines drohenden weiteren Infarktes,der sich durch starke Schmerzen in der Brust äußern würde, hatte er immer Nitro-Spray dabei, ein sehr starkes Medikament, das im Ernstfall die Arterien frei machen sollte. Es würde aber auch nützen, wenn eine Tür quietscht, spaßte er. Vor den Operationen hatte er immer Abschied von seiner Familie genommen.

Nach diesen Schilderungen wurde mir klar, wie ernst sein gesundheitlicher Zustand war. Er konnte quasi jeden Moment umfallen. Ich dagegen kann mich noch meinen Problemen widmen, daran arbeiten.

Einmal, am Ende einer Therapiesitzung, als ich noch Fragen stellte, irgendwie dauernd ausweichen wollte, sagte er, er könne auch mal seine alten Bergwanderschuhe suchen und mir damit in den Hintern treten. Ich brauchte diese lapidaren deutlichen Bemerkungen, die sicherlich nicht jedem entsprechen, um mich endlich innerlich weiterzubewegen. Mit der Zeit empfand ich Thomas zunehmend eher als Kumpel, als Freund, weniger als Arzt.

Wo aber lagen in meinem Fall die Ursachen für meine Panikattacken?

Nach vielen Gesprächen analysierte er, dass ich ein Mensch mit zu wenig Selbstsicherheit, Selbstvertraun sei. Das konnte ich im ersten Moment gar nicht annehmen; nicht ich, der immer großspurige Draufgänger.

Thomas musste mir das schonend aufzeigen und immer wieder ins richtige Licht rücken, sonst hätte ich mich aus übertriebenem Stolz nicht mehr bei der Therapie sehen lassen. Schritt für Schritt machte er mir verständlich, dass ich sonst keine Panik hätte, vor etwas, das in der Situation gar nicht existierte, bis ich es für mich annehmen konnte.

Meine unzureichende Selbstsicherheit war also eine zentrale Ursache der Panikattacken. Allein diese Erkenntnis verschaffte mir Erleichterung, da ich jetzt einen Ansatz hatte.

Thomas war ein feiner Kerl, er ist 2012 verstorben. Ich danke ihm auf diesem Wege für seine gute Arbeit.

# KAPITEL 4

# Sportlich sein

Hast du mal überlegt, dass Panikattacken auch Spaß machen können?

Jetzt spinnt der völlig, denkst du.

Ich meine, wer hat nicht gern Spaß, Action und Spannung in seinem Leben? Und dazu kommt noch ein Erfolgsgefühl und das völlig ohne Gefahr. Das wäre doch großartig!

Es geht los, ein Abenteuer beginnt und sogar völlig kostenlos. Ihr seid die Hauptdarsteller und die Superhelden. Erfolg werdet ihr auf jeden Fall ernten. Ich versichere euch, ihr werdet von Erfolg zu Erfolg gelangen. Ich sage von Sieg zu Sieg, es wird wie ein Rausch sein. Kommt mit mir, ich erzähle euch von meinen Abenteuern.

In der Zeit, in der die Panikattacken auf ihrem Höhepunkt waren, fuhr ich mit dem Bus in die Stadt, um mir in einem großen Kaufhaus etwas zu kaufen. Das waren gleich zwei Albtraum-Komponenten in einem Erlebnis: Bus und Kaufhaus.

Auf der Fahrt dahin saß im Bus, stocksteif, wie ge-
lähmt, meine Gedanken drehten sich nur um meine
Panik. Bushaltestelle für Bushaltestelle, anhalten, an-
fahren. Es war grausam, ich war total unter Anspannung, eine Tortur. Irgendwann war der Bus dann nach
gefühlten Jahren in der Stadt angekommen.

Es ging direkt weiter ins Kaufhaus mit einer riesigen
Rolltreppe. Die Hemmschwelle, es zu betreten, war
groß. Dann ging ich in diesen Laden, meine Hände
schwitzten, mein Herz klopfte schnell. Die Atmo-
sphäre war für mich schwer zu ertragen, so wie etwa
Angst vor Enge.

Schnell alles kaufen und raus hier, mit entspanntem
Bummeln hat das nichts zu tun. Noch einmal in den
Bus, um wieder nach Hause zu kommen und erst dort,
sicher daheim, kann ich entspannen.

Jetzt könnte ich natürlich sagen, dass das ein schlim-
mer Tag war und sehr negativ darauf schauen. Aber es
liegt doch an mir zu entscheiden, was es war. An dieser
Stelle kann ich aktiv bestimmen, ob es eine Niederlage
oder ein Erfolg gewesen ist – durch meine Bewertung!

Ich entschied mich für den Superhelden, der heute
KAM, SAH UND SIEGTE.

Es war einfach ein überragendes Gefühl, es zu schaffen. Für mich ist das ein richtiger Kick gewesen. Erst hatte ich diese große Angst und trotzdem habe ich es geschafft und erledigt, was ich mir vorgenommen hatte, obwohl es eine schier unmögliche Vorstellung war.

So müssen sich Superhelden fühlen, dachte ich. Das wollte ich wieder erleben.

Ich konnte nicht genug davon bekommen und dadurch ließ auch die negative Energie meiner Panikattacken nach. Ich hatte für mich eine Technik entwickelt, mit ihr umzugehen. Eine starke Waffe, mit der ich den Panikattacken gleichzeitig die Energie genommen habe, die mich latent ausgelaugt und den Alltag erschwert hatten. Ich war zu dem Schluss gekommen, wenn ich denke, dass Panikattacken ein toller Adrenalinkick sind, haben sie keine Power mehr, mich runterzuziehen.

Ich schreibe euch heute von einer meiner größten Ängste und wie ich sie überwand: Jahrelang war es für mich eine Horrorvorstellung, auf der Bühne zu stehen und Theater zu spielen. Dabei hatte ich immer große Lust auf die Schauspielerei, aber zu wenig Selbstvertrauen, es zu versuchen.

Mit frohem Mut entschloss ich mich, einer Theatergruppe beizutreten, der Theatergruppe des lokalen Eine-Welt-Ladens „La tienda". Das waren chaotisch liebe Menschen. Zuerst hatte ich die Aufgabe, die Beleuchtung zu machen, dann aber hieß es, ein Darsteller würde ausfallen, ich müsse eine Rolle übernehmen. Panik und Spiellust machten sich gleichzeitig in mir breit, und ich wollte es versuchen. Im Laufe der Proben fielen noch mehr Leute aus, und die Texte, die ich lernen sollte, wurden immer länger. Ich war sehr fleißig dabei, lernte unermüdlich und die stattfindenden Proben gaben mir Sicherheit im Spiel.

Der Tag der Aufführung kam immer näher und damit auch der Tag, an dem es sich für mich zwischen Traum und Albtraum entscheiden würde. Diese Zeit verbrachte ich zwischen Hoffen und Bangen, Spaß und Panik, Vorfreude und Angst.

Ich bin ein Draufgänger yeah!!

Dann war der Tag gekommen. Alles war eingespielt und geprobt, hoffentlich bekomme ich keine Panik auf der Bühne. Dieser Gedanke war für mich der absolut schlimmstmögliche Fall.

Der Vorhang hob sich, und ich war einfach dabei. Ich spielte meine Rollen in verschiedenen Szenen, so wie wir es geprobt hatten. Die verschiedenen Charaktere zu geben war sogar ein Genuss für mich. Es lief wie am Schnürchen, ich konnte die Figuren gut spielen und hatte auch keine Probleme, mich an den Text zu erinnern.

In übrigen habe ich vorher gebetet, und mein Gebet wurde erhört.

Am Ende der Vorstellung fiel mir ein ganzes Gebirge vom Herzen. Das Licht der Scheinwerfer blendete mich, jetzt fühlte ich mich wirklich wie ein Superstar. Wir standen von dem Publikum und verbeugten uns, es gab Applaus und Beifallsrufe. Lob und Anerkennung habe ich reichlich eingesammelt.

Ich war auf Wolke sieben, ich schwebte irgendwo im Himmel vor lauter Selbstvertrauen und Stolz. Tagelang grinste ich wie ein Honigkuchenpferd. Ich war im Rausch des Erfolges, ich glaube, ich taumelte nur noch vor Selbstvertrauen. Zu diesem Zeitpunkt war alles, was es je an Panik gegeben hatte, absolut weg. Als hätten Angststörungen niemals existiert.

Natürlich wollte ich darauf aufbauen, weil ich dadurch nicht nur mehr Selbstvertrauen bekam, sondern auch Gefallen an der Schauspielerei als mein Hobby gefunden hatte.

Ich absolvierte infolgedessen einige Abendkurse in Schauspielerei und nahm an einer weiteren Theaterproduktion teil. Auch Castings bei TV- bzw. Filmproduzenten ließ ich nicht aus. Es folgten Drehanfragen, und ich stand zum ersten Mal vor der Kamera. Bis heute werde ich gebucht und bekomme hauptsächlich Hauptrollen, natürlich in kleinen Formaten, aber das reicht für mich. Die Schauspielerei ist ein Hobby, mit dem ich ein Taschengeld verdiene. Viel Talent habe ich auch nicht als Schauspieler, aber geniale Momente. Das ist zu wenig für einen so anspruchsvollen Beruf, der sehr viel Konzentration fordert.

Wichtig war für mich, diese Herausforderung zu meistern. Bei dieser Sache wurde mir klar, dass ich vor nichts Panik haben muss, da ich schließlich diese Aufgabe gemeistert hatte. Ich habe mich unbeschreiblich stark gefühlt!

Meine Erkenntnis für meine persönliche Situation war, dass es mir an Selbstvertrauen fehlte. Sonst hätte ich niemals diese unverhältnismäßige Panik ohne Ursache und Anlass gehabt.

Ich musste es ganz deutlich erleben.

Vor einer Flugreise in den Urlaub hatte ich zuvor Panik. Nach dieser Nummer war mir das Fliegen völlig egal.

Frage dich, was dein Theaterstück ist oder wovor du besondere Panik hast, tu es einfach oder fang an, mit kleinen Schritten darauf zuzugehen. Glaube mir, das wird dich zu einem stärkeren Menschen machen.

Bitte spiele nicht mit deinem Leben, dazu möchte ich hier keine Anleitung geben. (Bungee Jumping Fallschirmspringen)

Ein anderes Problem, welches mich eine Zeitlang begleitet hat, war die Panik vor dem Fahren auf einer Autobahn. Dabei hätte ich so gern einmal eine Reise in andere Städte unternommen.

Wie sollte ich von Münster nach Berlin gelangen, wenn ich mich bereits nach zwei Minuten auf der Autobahn so sehr vor Panik verkrampfte, dass ich abfahren musste. Immerhin, zwei Minuten schaffte ich. Das war besser als nichts.

Hier half mir der Zufall. Es ergab sich die Notwendigkeit, aus beruflichen Gründen mehr und häufiger die Autobahn zu nutzen. Auf diese Weise konnte ich trainieren, weil ich den Grund hatte, mich dieser Angst zu stellen, und Stück für Stück schaffte ich es, längere Strecken auf der Autobahn zu bleiben. Heute habe ich kein Problem mehr damit.

Wie vieles im Leben, ist der Erfolg im Umgang mit Panikattacken ein Ergebnis von Training.
   In der Psychologie wird das auch Konfrontationstherapie genannt.

# KAPITEL 5

# Good Days and Bad Days

Es gibt Tage, da bist du nicht so stark, die Panik oder das Gefühl einer nahenden Panik überwiegt. Wie kann ich damit umgehen?

Es gab Tage, die ich so voller Anspannung verbracht habe, dass ich abends vollkommen ausgelaugt war – ohne besondere andere Gründe. Doch ich wollte unbedingt vermeiden, in eine negative Gedankenspirale zu fallen und verwand meine ganze übrige Kraft darauf, dieser zu entkommen.

Zu diesem Zwecke besorgte ich mir vielfältige Literatur rund um das Thema „positives Denken". Die zahlreichen Selbsthilfebücher und Ratgeber, alle eher praktisch orientiert, haben mir sehr geholfen. In dieser Literatur, die wie eine Therapie ist, wirst du langsam durch Übungen an das positive Denken herangeführt. Zentral ist die Aufgage, zu erkennen, wie starr der eigene Blick auf die Panik in deinem Leben gerichtet ist. Dies ist die Basis für Veränderung.

Übungen und Fragen, die mich in meiner Situation abgeholt haben, waren unter anderem:

Schau immer dein Leben in der Gesamtheit an und beurteile SACHLICH, was nicht gut läuft.

Überlege, ob Panikattacken vielleicht nur einen kleinen Teil in deinem Leben ausmachen?

Vielleicht schaust du nur auf diesen Teil deines Lebens?

Sieh auf dein ganzes Leben, auch du hast bestimmt Vorteile und positive Erlebnisse in deinem derzeitigen Leben, vergiss das nie.

Ich musste mich immer wieder fragen: Sollen mich schlechte Tage dauerhaft herunterziehen? Ist es nicht meine Entscheidung, wie ich damit umgehe?

Bevor ich meine Therapie begonnen habe, wusste ich nicht, dass es neben der langfristigen Therapie auch Sofortmaßnahmen für eine Panikattacke gibt, die gut wirken können, wenn man ein wenig übt.

Davon möchte ich hier berichten.

Was mir immer wieder hilft, in den Momenten, in denen ich unter starker Anspannung stehe, ist der folgende Vorgang. Vielleicht hilft er auch dir:

Konzentriere dich auf deinen Atem. Atme mit der Nase ein und mit dem Mund aus aus. Nicht hektisch, sondern langsam durch die Nase einatmen und dann langsam durch den Mund wieder ausatmen.

Diese Art zu atmen ist nicht so unbewusst, automatisiert wie unser Atmen im Alltag. Deswegen musst du dich auf diesen Vorgang konzentrieren und du wirst von deiner sich aufbauenden Panik abgelenkt. Darüber hinaus entspannt sich der ganze Körper durch diese Atmung. Je mehr dein Fokus auf die Atmung geht, desto weniger ist er bei der Panik.

Allein durch dieses Atmen entspannt sich der Körper, und auch deine Anspannung lässt nach.

Ich wiederhole mich bewusst in diesem Buch. Schrittweise kam ich immer mehr zu der Sicherheit, dass diese Panik unbegründet und nur in meinem Kopf ist.

Eine Frage an dich: Warst du schon mal richtig wütend?

Also Wut ist nicht immer etwas Schlechtes, sie kann dich reinigen und dir neue Klarheit schenken.

Die ganzen Jahre, in denen ich Panikattacken hatte, fiel mir immer wieder auf, dass die dauerhafte Anspannung und steigende Panik für den Moment weg waren, als hätten sie niemals existiert, wenn ich wegen irgendetwas wütend war.

ES IST NUR EIN GEFÜHL. Gefühle allein könne dir nichts tun.

An der Stelle möchte ich mich dem Thema „Grübeln" widmen.

Ist man dauerhaft mit den Panikattacken in Gedanken beschäftigt, kann das einen ziemlich mürbe und müde machen.

Ich konnte stundenlang grübeln über Fragen wie:

- Warum bin ich so?
- Weshalb habe ich diese Gedanken?
- Wann kommt die nächste Panikattacke?
- Warum ist mein Leben so schwer?
- Wann hört das auf?
- Was denken die anderen?

Und dies ist nur eine kleine Auswahl der nicht enden wollenden Gedankenkreise.

Fragezeichen über Fragezeichen, jedoch keine Ergebnisse. Wie in einem Hamsterrad, immer weiter. Die Gedanken kreisen ins Endlose.

Welcher dieser Gedanken war zielführend oder brachte mich auf meinem Weg weiter?

Als Mensch kann man viel verändern und viel erreichen, ganz bestimmt.

Kannst du denn erkennen, was du nicht verändern kannst, nicht mal durch Grübeln? Darüber denke nach.

Ich möchte dir einfach sagen, du kannst nur eines, nachdem du erkannt hast, dass du manche Dinge nicht ändern kannst: DEIN LEBEN LEBEN, mehr kann ein Mensch nicht.

Denk nicht so viel, genieße was du hast. Ich glaube du hast sehr viel, von dem andere nur träumen.

# KAPITEL 6

# Tabletten und Co.

Ich habe mich oft gefragt, vor allem mit zunehmender Häufigkeit der Panikattacken in den Jahren, ob ich Beruhigungsmittel nehmen sollte. Ehrlich gesagt, stand ich dem grundsätzlich sehr skeptisch gegenüber, da ich persönlich einfach nicht gerne Medikamente nehme, stattdessen habe ich mich lieber herumgequält, würden einige „Experten" sagen. Vieles war einfach in fehlender Information begründet.

Ich möchte im Folgenden auf dieses Thema eingehen und meine persönliche Sicht schildern. Dazu muss ich darauf aufmerksam machen, dass ich weder Arzt noch Psychologe oder Therapeut bin. Dies ist nur eine persönliche Erfahrung eines Patienten der Panikattacken hatte.

Inzwischen bin ich davon überzeugt, dass es eine gute Sache ist, dass es Medikamente gegen Angststörungen gibt. Wichtig ist aber, dass diese Medikamente eine therapeutische Wirkung haben. Das heißt, die falschen Denkmuster, die erlernt wurden, sollen zerstört werden.

Für mich ist zentral darauf zu achten, dass keine Abhängigkeit entsteht, was eine Balance ist, die nur durch fachliche Beratung zu erreichen ist.

Ein einfaches Beispiel: Ich kenne einen Mann, der Schlafstörungen hat und nicht vor zwei Uhr nachts einschlafen kann. Infolgedessen steht er auch nicht vor zehn Uhr auf. Wenn dieser Mann jetzt eine Woche lang um 18 Uhr Schlaftabletten nähme, würde sich möglicherweise sein Schlafrhythmus langfristig ändern. Man würde seinen Schlafrhythmus sozusagen neu starten.

In so einer kurzen Zeit der Einnahme entsteht auch keine Abhängigkeit von den Medikamenten.

Ideal wäre es, auch auf diese Weise Beruhigungsmittel gegen Angststörungen einzusetzen. Es gibt aber Leute, die seit Jahren Beruhigungsmittel gegen ihre Angststörung nehmen und davon abhängig geworden sind.

Dies ist nicht der Idealfall, aber auch nicht das Ende der Welt. Durch ärztliche Begleitung kann man sich davon wieder lösen. Der Arzt würde mit dem Patienten einen Prozess der Entwöhnung gehen.

Es geht auch um die Frage, wie ich meinen Alltag bestreite. Es fängt mit kleinen Dingen wie Einkaufen an und schlussendlich geht es um meine Existenz, weil ich ja auch arbeiten gehen muss. Somit muss ich immer abwägen und sehr gut beraten sein, wie ich hiermit umgehe.

Wir spielen das einmal durch, kurz und knapp.

Beispiel 1: Ich bin voll abhängig von Beruhigungsmittel, dadurch schaffe ich aber meinem Job und kann normal leben wie alle anderen.

Beispiel 2: Ich nehme keine Beruhigungsmittel, bin voller Panik und traue mich nicht mehr aus dem Haus. Mein Leben wird nur von den Panikattacken bestimmt.

Selbstverständlich ist kaum eine Situation so schwarzweiß. Diese schematischen Beispiele dienen der Annäherung an die für dich individuell passende Lösung.

An dieser Stelle kann ich natürlich nur Ansätze und Denkanstöße geben, du brauchst auf jeden Fall medizinische Beratung. Jeder Mensch ist anders und braucht eine individuell auf seine Persönlichkeit abgestimmte Therapie.

Ich möchte niemanden an dieser Stelle verurteilen für seine Entscheidung, mit Angststörungen umzugehen. Es ist manchmal schwer, den nächsten Schritt zu gehen.

Vielleicht willst du nur zu Hause unter deiner Bettdecke liegen und kannst im Moment nicht anders, dann lass dich besuchen und lach mit deinem Besuch zusammen, auch wenn die Lage schlecht ist. Vergiss niemals zu lachen, auch wenn die Lage noch so angespannt ist, das wird dir helfen.

Vielleicht rufst du deine alten Freunde an und ihr erzählt euch gemeinsame Erlebnisse von früher zum wiederholten Male und seid trotzdem immer noch glücklich darüber.

Mach immer das Beste aus deiner Situation, und das fängt mit deinen Gedanken an.

So, jetzt kommt mein persönliches Beispiel, was ich bevorzuge. Dieses Beispiel ist aber genau auf meinen Typ zugeschnitten, also versuche nicht, es exakt so bei dir anzuwenden oder mache dir Vorwürfe, wenn dies nicht geht.

Ich wollte immer ohne Beruhigungstabletten auskommen und hab es auch geschafft. Dazu gehören viele kleine Facetten, die in meiner Persönlichkeit, in meinen Erfahrungen und in meinen Überzeugungen liegen, weshalb es eben auch mein ganz einzigartiger Weg ist.

Ich habe die Wege probiert, die hier im Buch stehen und mich immer an den Gedanken geklammert, dass ich einfach „nur leben will", was mir geholfen hat, vieles auch zu ignorieren (was manchmal, aber nicht immer gut ist). Eine gesunde Portion Lebensdurst gehört dazu, das Leben ist wunderschön.

Was ich sehr selten gemacht habe, ist ein Glas Wein zu trinken, um von meiner Anspannung loszukommen. Mehr habe ich mir nicht erlaubt, meine Angst war zu groß, alkoholabhängig zu werden.

Damals hatte ich auch einen Hund, was mir ebenfalls geholfen hat. Allein dieses Tier zu streicheln, bewirkte in mir einen gewissen Frieden. Wenn ein Hund anwesend ist, bist du nicht allein. Diese Beziehung ist sicherlich nicht gleichzusetzen mit der zu einem Menschen, die noch einmal ganz anders ist, aber auch dieses Geschöpf liegt dir am Herzen, ist dir nahe und wichtig.

Falls du allein leben solltest und (ganz wichtig) es deine Lebensumstände erlauben, könntest du überlegen, ob dir ein Haustier guttut. Man kann auch von einem Tier einiges lernen. Ein Hund lebt einfach sein Leben und freut sich auf Spaziergänge, fressen, spielen und Zuwendung. Welch eine tiefe Weisheit, die ich manchmal schwer begreife, besitzt ein einfacher Hund.

Natürlich will ich einen Menschen nicht mit einem Hund vergleichen.

# KAPITEL 7

# Seelsorge

Ich habe in meinem Buch sehr viel von Techniken und Methoden der Psychologie beziehungsweise Psychotherapie zu Überwindung von Panikattacken geschrieben.

Ich hoffe, es hat dir etwas geholfen.

An dieser Stelle komme ich zu dem, was dich mehr festigen und dir ein neues Leben in Freiheit schenken wird.

Dazu muss ich bei diesem Thema ganz von vorn anfangen.

Im frühen Kindesalter, dachte ich über die Frage nach, was kommt, wenn ich sterbe. Meine Eltern konnten mir nur die zögerliche, eher abwehrende Antwort geben, dass es dann eben so sei und man ja nichts davon merke. Diese Antwort war bedrückend für mich. Jahrelang dachte ich immer mal wieder über diese Antwort nach, doch je älter ich wurde, desto weiter war ich von dieser Frage weg.

Irgendwann gewöhnt man sich halt daran, damit muss

ja jeder Mensch fertig werden. Die Frage ließ mich dennoch nie ganz los.

Den Gedanken, es könnte etwas mehr, etwas dahinter, einen Gott geben, beschäftigte mich zunehmend. Immer wieder fragte ich mich nach dem Sinn des Lebens und landete genau dort.

In den 90er Jahren kam ein Freund zu mir und erzählte mir von Jesus Christus, was sich für mich gut anfühlte: vertraut und richtig. Vielleicht glaubte ich ja doch irgendwie an einen Gott, wenigstens ein bisschen. Schließlich bete ich ab und zu, so zu Gott halt.

Mein Freund Paul fragte dann nach dem Gott, an den ich glaubte. Ich beschrieb ihm dann Jesus, den ich meinte, wenn ich an Gott dachte oder davon sprach. Obwohl ich ihn noch gar nicht wirklich kannte.

Paul ließ nicht nach, kam immer mit seiner Bibel zu mir und las mir daraus vor. Es war immer nett und interessant, irgendwie berührte es mich auch. Vor allem, weil es mir sagte und zeigte, dass man eine persönliche Beziehung zu Jesus Christus haben kann. Ziemlich cool, dachte ich, glaubte es aber trotzdem nicht aus dem Herzen. Ich konnte mir nicht vorstellen, wie eine Beziehung zu Gott funktionieren könnte, wie so etwas überhaupt aussehen kann.

Ich betete immer für mich, weil es mich beruhigte und einfach dazu gehörte, wie eben Gespräche mit einer anderen Person. Hallo Gott dies, hallo Gott das.

Paul ließ nicht locker, er besuchte mich oft, und wir lasen aus der Bibel.

Dann kam ich der Sache näher. Ich bekam von Paul ein so genanntes Traktat, ein kleines Heft mit einer Anleitung, wie man Jesus Christus kennenlernt. Es trägt den Titel „Gott persönlich kennen lernen" und ist nach wie vor verfügbar, auch im Internet verfügbar.

Ich wollte erfahren, ob man, wie es sagt, wirklich eine lebendige Beziehung zu Gott haben kann. Blätternd in dem Traktat lief ich nach dem Besuch bei meinem Freund durch ein Waldstück. Am Ende des Traktates wird ein Gebet angeboten, das der Anfang der Beziehung zu Gott sein sollte. Ich betete es.

Es passierte erst einmal gar nichts Greifbares. Doch von diesem Moment an wurde ich schlagartig neugierig und las in den folgenden zwei Jahren die Bibel. Ich weiß nicht warum, aber ich war ganz überzeugt davon, dass die Bibel das Wort Gottes ist. Je mehr ich dieses Buch las, je besser lernte ich Gott kennen. Die Bibel erzählte mir von einem liebenden Gott.

Die Entdeckung war für mich extrem krass, ich erkannte, dass dieser Gott uns Menschen sucht und eine lebendige Beziehung mit uns haben will.

Alle Vorstellungen, die ich vorher hatte, waren nur meine eigene Fantasie, wie ich mir naiv den lieben Gott so vorstellte. Diese hatte aber nichts mit dem Gott der Bibel zu tun, den man nur kennenlernt, wenn man die Bibel liest.

Ich glaube fest daran, dass, wenn man den Herrn Jesus im Gebet anruft und ihn darum bittet, er jedem Menschen das Wort Gottes offenbart – eben die Bibel.

Ich war ziemlich überwältigt. Ich wollte mehr wissen, geradezu diesen Gott herausfordern, sich mir zu zeigen.

Eine meiner ersten Erkenntnisse aus der Bibel war, dass jeder weiß, dass dieser Jesus am Kreuz gestorben ist, aber die wenigstens wissen, warum. Dabei ist die Erklärung so simpel und dadurch gleichzeitig so kraftvoll und überwältigend: Jesus ging ans Kreuz für uns, weil Gott uns Menschen so sehr liebt, niemand kann vor Gott bestehen mit seinem sündhaften Leben. Deshalb hat Gott seinen Sohn sterben lassen für unsere Sünden (Johannes 3:16).

Dies ist die einzige Gerechtigkeit, die vor Gott gilt. Keine andere gilt vor Gott, kein Mensch ist gerecht vor Gott, niemand kann mit seinen Taten seiner Herrlichkeit imponieren (Epheser 2.9).

Das heißt, wenn ich von ganzem Herzen bete: „Jesus, bitte geh du für mich an das Kreuz", werde ich in den Himmel kommen und mit Gott in Ewigkeit in Gemeinschaft leben. Nicht nur das, ich habe eine Beziehung zu dem lebendigen Gott. Dieser Gott hört mich und spricht zu mir durch die Bibel und schenk mir seine Gedanken.

Dieses Übergabegebet habe ich damals gebetet: „Herr Jesus, ich erkenne jetzt, dass ich Fehler gemacht habe und schuldig bin. Ich glaube, dass du für mich und meine Schuld gestorben bist. Ich bitte dich, vergib mir meine Sünden und komm in mein Leben. Bitte, sei von nun an mein Herr und übernimm die Leitung in meinem Leben. Ich möchte gern deinen Willen erkennen und ab jetzt danach leben. Danke, dass du mein Gebet erhörst und ab jetzt immer bei mir bist."

Jeder, der dies von ganzen Herzen betet, hat sofort Kindschaft bei Gott.

Wenn du jetzt denkst, du hättest nie gesündigt und immer alles richtig gemacht im Leben, demnach müsse Jesus nicht für dich am Kreuz sterben, dann nimmst du die ausgestreckte Hand Gottes nicht in Anspruch. Niemand kann vor Gott bestehen mit seinem Leben, deshalb opferte er seinen Sohn, aus Liebe zu dir.

Das ist das ganze Evangelium.

Jetzt fragst du dich vielleicht, wie Gott denn spricht? Ganz einfach: durch die Bibel und Gedanken die er dir gibt wenn du dein Herz für Ihn öffnes.

Oder aber wie er dir hilft? Er wird dir eine Kraft und Trost schenken, die du nie zuvor hattest. Und noch so vieles mehr.

Ein Leben in Gottes Gegenwart ist das beste, du wirst es nie mehr anders haben wollen.

Näheres kannst du auch ganz einfach in der TV-Sendung Club 700, ERF Mensch Gott Begegnen.

Eine tolle Begleiterscheinung ist auch, dass du zur weltweiten Gemeinde Gottes gehörst und dort neue Freundschaften schließen wirst.

Such dir eine Gemeinde, die Jesus Christus im Mittelpunkt hat und wo das Wort Gottes maßgeblich ist.

Wer sich gut in der Bibel auskennt, erkennt falsche Lehre leicht. Fang mit dem Neuen Testament an.

Den Glauben an Jesus Christus leben, heißt, immer in einer Beziehung mit ihm leben. Das drückt sich im Vertrauen zu Ihm aus. Wenn du Ihm Vertrauen schenkst, wird er dich segnen.

Ich habe in diesem Buch oft von Ängsten gesprochen, die man bei Panikattacken nicht unter Kontrolle hat. Wir haben gemeinsam herausgefunden, dass es nur ein Gefühl ist.

Wenn du dich für ein Leben mit Gott entscheidest, dann hast du den Anspruch zu beten. Vielleicht sagst du: „Herr Jesus, ich bitte dich, schenk du mir Frieden, lass mich begreifen, dass es nur Gefühle sind und ich sonst voll in Ordnung bin. Ich gebe dir meine Unfähigkeit und meinen Unfrieden im Vertrauen, dass du mir Frieden und Ruhe gibst."

Genau das ist Leben mit Gott und noch viel mehr. Dieser Gott, der lebendig ist, wird dir darauf antworten, eben weil er lebendig ist. Seine Kraft wirst du in deinem Leben erfahren.

Jesus ist von den Toten auferstanden, aus dieser Kraft können wir leben, halleluja. Also halten wir fest, mit der überragenden Auferstehungskraft, die über alles stärker ist, geht unser Leben weiter mit Jesus.